LAZARE LE PATRE.

Lyon. — Impr. de DUMOULIN, RONET et SIBUET.

ANALYSE PROGRAMME.

DE

LAZARE LE PATRE,

Drame en quatre actes, avec prologue,

PAR BOUCHARDY,

Représenté pour la première fois sur le théâtre des Célestins,

LE 5 MARS 1841,

Sous la direction de M. Adam Kislelewski.

SE VEND A LYON AU THEATRE.

personnages.	acteurs.
COSME DE MÉDICIS sous le nom de L'ÉTRANGER	MM. Lambert.
RAPHAEL SALVIATI sous le nom de LAZARE.	Alexandre.
JULIANO SALVIATI sous le nom de SILVIO LE MOISSONNEUR . . .	Germain.
JUDAEL DE MÉDICIS sous le nom de RODOLPHO LE GRAND GEOLIER.	Séguy.
JULIANO PORTE-ENSEIGNE . . .	Henry.
MATHEO LE MOISSONNEUR. . . .	Eugène.
GIACOMO LE TAVERNIER	Hamilton.
BATTISTA LE SBIRE	Auguste.
GALEOTTO	Vigny.
Un capitaine des gardes	
Un familier.	Larue.
LA DUCHESSE NATIVA PARRI. . .	Mⁿᵉ Faivre.
SYLVIA	

Archers, gardes-familiers, pâtres et moissonneurs.

La scène se passe à deux lieues de Florence en 1550

ANALYSE PROGRAMME

DE

LAZARE LE PATRE

Drame en quatre actes, avec prologue,

PAR BOUCHARDY,

Représenté pour la première fois sur le théâtre des Célestins,

LE 5 MARS 1841.

Sous la direction de M. Adam Kisielewski.

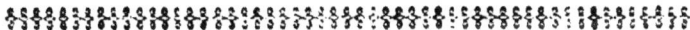

PROLOGUE.

Le théâtre représente une taverne à deux lieues de Florence.

Au lever du rideau, Mathéo le moissonneur s'entretient avec Juliano Salviati, qui se cache sous le nom de Sylvio, d'un enfant que Sylvio lui confia un jour que voyageant, celui-ci aperçut au bord de l'Arno une barque détachée qui allait briser sous les roues d'un moulin et noyer un en-

fant endormi dans la barque. Lazaro, Giacomo et Battista
avec les moissonneurs et les pâtres arrivent et se mettent à
boire et à causer. des affaires politiques de Florence :
Lazaro raconte qu'un jour Cosmo de Médicis entra chez
Salviati, un de ses laboureurs qui venait de mourir, et
qu'il trouva cinq enfans en pleurs qu'il conduisit à l'asyle
de la patrie ; là il leur fit donner une éducation militaire
en payant d'avance cinq cents sequins. Puis plus tard,
quand Cosmo de Médicis fut condamné à Florence, les
cinq frères qui tous étaient soldats se trouvèrent à un
signal donné dans Florence pour sauver Cosmo de Médicis dont ils favorisèrent la fuite. Les trois plus jeunes
frères périrent sous les pieds des chevaux, les deux aînés
se sauvèrent. Battista raconte à son tour à Giacomo,
qu'il est chargé par le duc Pazzi, d'enlever un enfant qui
doit être dans la maison de Mathéo, il sort.

Quand tout le monde est dehors, Lazaro et Sylvio, les
deux frères Salviati, se donnent la main ; Sylvio va parler à
son frère de Nativa, la fille du duc Pazzi, la mère de son
enfant, quand Nativa, pâle, égarée, entre précipitamment
dans la taverne. Elle dit qu'elle a été obligée de se sauver
avec son enfant, car elle sait que des soldats ont la mission
de venir lui arracher son enfant. Lazaro pour le mettre en
sûreté, l'emporte au monastère à trois lieues de là.

Bientôt arrive Judaël de Médicis, sous le nom de Rodo
pho, et d'un autre côté Cosmo de Médicis. Rodolpho veu
faire assassiner Antonio, son cousin, et charge Giacomo de ce
meurtre ; Cosmo lui envoie le conseil de changer de route,
car on en veut à ses jours ; mais les deux espions qui cau-
sent ensemble devinent qu'ils ont affaire au même homme

et que ces ordres leur ont été donnés par deux Médicis qu'ils livreront pour beaucoup d'or. Sylvio, qui comprend le danger que court son enfant, prie Mathéo d'aller le prendre au monastère et de quitter la Toscane, il lui recommande de ne le confier à personne, il lui donne une moitié de chaine et lui dit de ne confier l'enfant qu'à la femme qui lui donnera l'autre moitié de la chaine, car ce sera sa mère. Il sort; mais bientôt il rentre ainsi que Cosme. Sylvio vient d'être frappé au cœur, il va mourir; alors il donne à Cosme l'autre moitié de la chaine pour la remettre à Nativa, puis il meurt. Rodolpho entre et se fait connaître à Cosme de Médicis, lui demande pardon de ses fautes anciennes et s'offre pour le sauver. Giacomo a tout entendu et quand il reste seul avec Rodolpho il veut que ce dernier achète son silence, ou il divulgue aux Pazzi de Florence qu'il est Judaël de Médicis et qu'il conspire contre eux.

Judaël comprend qu'il faut se débarrasser de cet homme, et il empoisonne le vin qu'il va boire tout en promettant de revenir dans une heure. Giacomo resté seul se félicite de la petite fortune qu'il va posséder, quand on frappe; c'est Lazare, le pâtre, qui vient demander où est Cosme, où est Sylvio. Giacomo lui apprend que Cosme est sauvé par Rodolpho, que Sylvio est blessé et que Rodolpho n'est autre que Judaël de Médicis; mais il ne peut achever, et sent qu'il vient de boire du poison, et meurt en recommandant à Lazare de le venger. Lazare tombe aussi d'épuisement.

Des familiers arrivent et se disposent à enterrer Giacomo mort, et à conduire Lazare le pâtre, dans les prisons de Florence.

2 3 4

Pagination incorrecte — date incorrecte

NF Z 43-120-12

✜✜✜

ACTE PREMIER.

Une salle du palais Médicis à Florence.

Cosme de Médicis s'entretient avec Galeoto, son secré-
taire, qui a écrit l'histoire de la vie de Médicis, il fait rayer
divers passages et en fait ajouter d'autres. Cette histoire
dit que son parti a triomphé contre les Pazzi et qu'il épousa
la duchesse Pazzi.

Un porte enseigne demande à être introduit ; il entre
et supplie qu'on le laisse partir pour Rome avec sa fian-
cée. Nativa lui demande pourquoi, revenu il y a quelques jours à Florence, il songe déjà à le quitter ; la duchesse s'informe aussi s'il n'a pas de mère ; à ce mot, il
pleure. La duchesse ne peut contenir son émotion, et
restée seule elle envoie chercher Juliano, puis elle sort.
Judaël qui tient à savoir si le testament de Cosme est
en sa faveur, possède une clef qui ouvre une cassette de
Cosme de Médicis où il est enfermé: Il a fait venir Lazaro
le muet, qu'il tient en prison depuis fort long-temps, parce
qu'l a pensé qu'un jour il leur serait utile pour lui faire
ouvrir cette cassette.

Dans le cas de surprise, Lazare le muet ne pourrait rien
révéler. Judaël explique à Lazare comment il pourrait s'y
prendre pour enlever la cassette. Lazare refuse, mais
quand il reconnaît les portraits de Médicis et de Nativa, il
consent à faire tout ce qu'on lui ordonne.

Juliano revient pour dire adieu à sa mère avant de partir pour Rome; il a peur de la compromettre en restant plus long-temps à Florence; ils se séparent; Judaël reparaît conduisant Lazare qui sort. Quelques instants après, on entend un coup de feu; Nativa et Judaël se précipitent en même temps vers la fenêtre, tremblants, Nativa pour Juliano, Judaël pour Lazare; mais ils sont bientôt rassurés en apercevant les archers conduisant un homme. On l'amène, c'est Juliano. Lazare revient et remet la cassette, mais la cassette ne contient pas le testament; Judaël pour s'en venger, jure d'attaquer la duchesse comme adultère, et de la deshonorer, pour qu'elle n'hérite pas de son époux.

ACTE DEUXIÈME.

Une salle riche du palais de Médicis.

Judaël et Galeotto sont désolés de n'avoir pu soustraire le testament; ce qui les embarrasse, c'est que Juliano convient pour ne pas perdre la duchesse qu'il est venu pour voler; mais en livrant Lazare comme le voleur, il faudra bien que Juliano soit découvert comme l'amant.

Cosme veut interroger Juliano qui avoue qu'il s'est introduit dans le palais pour voler cent ducats d'or, et implore la clémence du duc.

Arrivent bientôt Mathéo et sa fille qui viennent remettre au duc les cent ducats d'or et lui demander la permission de partir.

Le duc cède aux instances de Nativa; mais arrive Judael qui annonce que le vrai coupable est arrêté; on amène Lazare que le duc interrogera plus tard, mais il veut savoir de Judael un secret plus important.

Judael lui apprend que Juliano a passé la nuit dans l'appartement de la duchesse, attendu qu'on a trouvé sur lui une lettre qui lui donnait un rendez-vous pour la nuit et le portrait de Nativa. Cosme irrité veut se battre en duel; en ce moment Galeotto apporte la chaîne que Cosme croit d'abord être la sienne, puis reconnaît pour être la moitié de celle qu'il possède et que lui donna Juliano Salviati.

Il comprend alors que Juliano est le fils de celui qui l'a sauvé et à qui il avait légué tous ses biens par reconnaissance pour son père et ses oncles qui l'ont défendu.

La duchesse accourt pour demander si Juliano lui sera bientôt rendu; le duc évanoui sort entre les bras des assistants.

Judael comprend que si Juliano ne meurt pas, l'héritage peut lui échapper, attendu que le duc peut mourir dans une heure.

Il faut donc tuer Juliano; il ordonne à Galeotto de le faire assassiner dans sa prison au moment où il en donnera l'ordre. Mais Galeotto une fois parti, Judael se décide à ne pas donner de signal et à le laisser assassiner. Par bonheur Lazare caché a tout entendu. Il accourt et dit aux archers de veiller, ce qui est le signal de la conservation de Juliano.

ACTE TROISIÈME.

Une salle basse avoisinant les prisons.

Galeotto vient prévenir Judael que la duchesse l'a fait demander en secret et lui a offert les plus beaux diamants, s'il voulait lui laisser avoir un entretien avec Juliano, sans doute pour le faire évader.

Il a accepté, dans l'intention de faire arrêter Juliano au moment de sa fuite et d'avoir contre la duchesse une nouvelle preuve de sa faute.

Judael n'ose guère se fier à Galeotto, aussi promet-il à Lazare sa liberté s'il veut écouter cet entretien et lui en rendre compte. Lazare le promet. On introduit Juliano qui s'étonne qu'on lui ait écrit une lettre anonyme qui lui dit de chercher un moyen de garantir sa vie pendant deux jours.

C'est moi qui ai écrit, dit Lazare ; on t'accuse d'être l'amant de la duchesse ! — Infamie ! dit Juliano. Ils s'entretiennent d'un moyen de salut. Juliano se jettera à la mer, nagera entre deux eaux, et s'il se sauve, une lumière placée sur la fenêtre de la maison de Mathéo préviendra Lazare.

Cosme arrive et donne la liberté à Juliano, sans vouloir entendre un remerciment ; la duchesse accourt à son rendez-vous, mais c'est le duc qu'elle rencontre. Alors une explication a lieu, la duchesse qui s'entend accuser

13

d'adultère par Judael avoue qu'elle est mère de Juliano. Cosmo lui raconte tout ce qu'il doit aux Salviati et à Sylvio, à qui il a promis d'épouser la femme et d'adopter l'enfant.

Ils demandent à revoir Juliano, mais Galcotto leur apprend qu'au moment où on le conduisait en prison, il s'est précipité dans l'Arno et n'a reparu sur aucun rivage. On s'empresse d'accourir pour essayer de le sauver. Cosmo sort, Lazare arrive, et annonce à Nativa que Juliano n'est pas mort. Il se fait reconnaître de sa sœur, mais il ne veut pas encore rentrer avec elle au palais. Lazare inquiet attend le signal qu'il ne voit pas. Le duc arrive désespéré de n'avoir aucun indice sur Juliano. Lazare lui dit de ne pas se désoler, puis il rapporte à Cosme toutes les circonstances de la taverne Sainte-Marie.

Cosme reconnaît enfin un Salviati et ne peut contenir sa joie : tout-à-coup le signal apparaît, Juliano est sauvé ! Ils courent pour l'annoncer à la duchesse, mais Lazare lui dit avant de sortir que c'est Judael qui fait assassiner son frère Antonio.

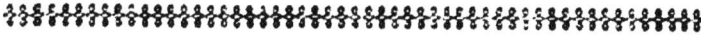

QUATRIÈME ACTE.

Une salle du palais garnie de tenture.

Juliano arrive auprès de sa mère; il se réjouit d'être sauvé par elle, mais il songe à fuir. La duchesse lui répond qu'elle le présentera comme Juliano Salviati, et qu'il dira à Judael de lui céder le pas. Lazare paraît pour affirmer ce que vient de dire la duchesse, il recommande à la duchesse de le laisser seul, car Judael va venir.

En effet, Judael arrive, il donne la liberté à Lazare, lui dit de se retirer en France, ses bienfaits le suivront. Lazare qui l'a écouté et qui a répondu par gestes, recouvre la parole pour lui dire que c'est un traître et un assassin, et qu'il veut le traduire devant un tribunal.

En ce moment un rideau s'ouvre et laisse voir un tribunal que préside Cosmo de Médicis, ayant Juliano à sa droite. Le bourreau vient se placer près de Judael.

FIN.

www.ingramcontent.com/pod-product-compliance
Lightning Source LLC
Chambersburg PA
CBHW061813040426
42447CB00011B/2630